BEI GRIN MACHT SICH IHR WISSEN BEZAHLT

- Wir veröffentlichen Ihre Hausarbeit,
  Bachelor- und Masterarbeit

- Ihr eigenes eBook und Buch -
  weltweit in allen wichtigen Shops

- Verdienen Sie an jedem Verkauf

**Jetzt bei www.GRIN.com hochladen
und kostenlos publizieren**

Ramona Schilling

Literaturgeschichte als Emotionsgeschichte

Skript

GRIN Verlag

Bibliografische Information der Deutschen Nationalbibliothek:

Die Deutsche Bibliothek verzeichnet diese Publikation in der Deutschen National-
bibliografie; detaillierte bibliografische Daten sind im Internet über http://dnb.d-
nb.de/ abrufbar.

Impressum:

Copyright © 2011 GRIN Verlag GmbH
Druck und Bindung: Books on Demand GmbH, Norderstedt Germany
ISBN: 978-3-656-71682-2

Dieses Buch bei GRIN:

http://www.grin.com/de/e-book/278596/literaturgeschichte-als-emotionsgeschichte

Literaturgeschichte als Emotionsgeschichte

Einführung / Zwischen Literatur- und Kulturwissenschaft

- Bild „Der Schrei" (ca. 1910) →zeigt Thema Angst auf moderne Weise → Angst ist diffus und geht nicht von etwas Bestimmtem aus → Grenzen zwischen Innen und Außen verschwinden
- Rainer Maria Rilke → Die Aufzeichnungen des Malte Laurids Brigge (1910); „Alle verlorenen Ängste sind wieder da" → grenzenlose Ängste vor allem; Angst, die nicht das Leben schützt, sondern das Leben bedrohen kann; Angst der eigenen abgründigen Psyche
- solche Angst tritt in älterer Literatur in den Hintergrund, ist aber dennoch da →Andreas Gryphius (17. Jhd.)
- unterschiedliche Auseinandersetzungen mit dem Thema Angst (ästhetische Umgangsstrategien) → doppelte Struktur
  - ➤ Reaktion auf Ängste und Wertungsnormen, die die Realität der jeweiligen Epoche hervorruft
  - ➤ Rückverweis der Literatur auf die Realität; Transformation der Angst in ein anderes Medium → Distanz zur Realität, eigene Zusammenhänge, Räume, Erklärungen
- Literatur bietet Chance Angst zu spiegeln und Wertungen der Angst zu verschieben, neue Felder wovor man Angst haben könnte zu eröffnen, neue Bewältigungsstrategien
- aber nicht im Raum unbegrenzter Möglichkeit sondern hat bestimmte Bedingungen → greift auf Normen der ästhetischen Repräsentation zurück, die nach Zeit, Gattungsvorgaben und kulturellem Kontext verschieden sind
- Anfang 14. Jahrhundert → Autorenbild in der manessischen Liederhandschrift (Hetzbold) → Motiv der Sauhatz (Jagd auf Eber, Hunde, Jagdgehilfen), die sehr gefährlich war
- drei Handikaps der mittelalterlichen Kunst und mittelhochdeutschen epischen Literatur im Umgang mit der Angst
  1. Angst ist in der Miniatur nicht das eigentliche Thema des Bildes → es geht um den Liedersänger, seinen Namen, seinen Mut, Angst ist nur an den Rand gedrängtes Nebenmotiv
     - ➤ Angst gibt es als rahmenfüllendes Thema in der profanen Kunst (in der Religion anders)
     - ➤ spontane Ängste: Gesundheitliche Risiken, Mütter vor der Geburt, Kinder können vor Eltern sterben, Ängste am Arbeitsplatz, Naturkatastrophen, Verkrüppelung, Angst vor Einsatz von Leib und Leben im Kampf
     - ➤ Funktions- und Deutungsmuster Ängste: Angst vor Sünde, Versuchung, Kirchengericht, Zorn Gottes, Angst als Mittel der Herrschaftssicherung → Finsteres Mittelalter gab es nicht, Bild hängt mit diesem Angstpanorama zusammen

2. Angst nur als Nebenfigur → sozial untergeordnet und im Kontrast zu anderen Figuren auf dem Bild → docere et delectare (Belehren oder Spaß machen), Angst erscheint am Bild so unwürdig, dass er nicht wieder gutzumachen ist (mittelalterliche Helden haben nur Schwächen, die man wieder gut machen kann, kein ängstlicher Protagonist)
3. alle Figuren haben das selbe Gesicht, leicht lächelnd, auch der, der Angst hat → dass jemand Angst hat wird nur durch Szenerie im Bild deutlich, äußerer Anlass der Angst ist sichtbar (im Gegensatz zum Schrei), keine diffusen, sondern offensichtlicher Auslöser der Angst

- „Jeder ist, was seine Oberfläche zeigt" → Unterschied zwischen mittelalterlicher und moderner Literatur
- mittelalterliche Figuren kennen im Prinzip keine Subjektivität (weiser König, guter König, tapferer Ritter usw.)
- Angst ist kein zentrales Thema mittelhochdeutscher Epik
- psychologische Introperspektiven sind nicht (vorrangig) gefragt

Kulturwissenschaft und Literatur
- Krise der Geisteswissenschaften
  - Umrüstung der traditionellen Geisteswissenschaften, Ersetzung der Geisteswissenschaften durch Kulturwissenschaften
  - für Geisteswissenschaften waren Dilthey, Rickert, Jadamer wichtig → Geist vs. Materie, Geschichte vs. Natur, Subjekt vs. Objekt erklären → innerhalb der Geisteswissenschaften soll nachgewiesen werden „wie aller Inhalt der Kultur eine ursprüngliche Tat des Geistes zur Voraussetzung hat" (Was hat Goethe gedacht, als er Faust schrieb usw.)
  - zentraler Begriff Geist blieb „Blackbox", als geheimnisvoll, das sich materiell zwar niederschlug aber davon trotzdem unterschieden werden musste
  - Trennung von Geist und Materie, erst denkt Dichter, dann schreibt er → Kulturbegriff möchte das unterlaufen → Strukturen, Prozesse und Praktiken in einem Umfeld das als materialisiert gedacht wird, Genie steht nicht mehr da sondern in welchem Netz an Einflüssen steht der Einzelne, Aufhebung der Trennung von Geist und Materie
  - Medien nicht mehr nur als Darstellungsmittel verstanden, sondern ihre Mitwirkung wird akzentuiert
  - Wandel auf fast allen Ebenen der Selbsterfahrung (auch in der Uni) versteht sich Mensch nicht mehr als das geistige Subjekt, sondern als von Material und Technik mitgeprägtes Wesen, Fokussierung des Menschen als vorrangig geistiges Wesen ist unglaubwürdig geworden → darauf mussten Geisteswissenschaften reagieren, wenn sie nicht sinnlos werden wollten → Umstrukturierung
- grundlegende Perspektiven der Kulturwissenschaften
  - Begriff Kulturwissenschaften fungiert vor allem als Programm der Grenzüberschreitung

- in Hinsicht auf internationale Kooperation
- in der Hinsicht auf eine Überschreitung von Fachdisziplinen (Aufteilungen in die Disziplinen darf nicht im Wege stehen, Fragen nur im Hinblick auf eine Disziplin zu untersuchen)
- in Hinsicht auf polyphone Methoden
- in Hinsicht auf einen erweiterten Forschungsgegenstand
- Kritik und Gefahren
  - wenn Internationalität heißt, dass Wertschätzung der Nationalität unterzugehen droht, dann bewegt man sich in die falsche Richtung (welchen Stellenwert hat dann noch einzelne Literatur?!), ästhetische Aspekte der z.B. deutschen Sprache gehen verloren, wenn alles auf Englisch unterrichtet wird
  - „interdisziplinäre Kompetenz setzt disziplinäre Kompetenz voraus"
  - extreme Erweiterung des Kulturbegriffs entgrenzt das Gegenstandsfeld → wenn alles Kultur ist, löst sich der Begriff selbst auf, keine Haupt- und Nebenangelegenheiten mehr

Emotionsforschung I

- Angst ist kein zentrales Thema → Randthema, das die Literatur von den Rändern erobert
- ängstlicher Protagonist hat keine literarische Integrität → Belehren und Erfreuen soll Literatur → ängstlicher Protagonist → hat keine Vorbildfunktion, man kann sich nicht an ihm erfreuen → ist des Pergaments nicht würdig
- warum gibt es dieses Thema trotzdem in der Literatur des Mittelalters?
- Kulturwissenschaftlicher Ansatz beeinflusst die Universitäten
- Emotionsforschung: Impulse in den letzten Jahrzenten nicht aus Literatur sondern Soziologie und Psychologie und andere → von da dann zu den Literaturwissenschaften → breite Fächer an Fachdisziplinen, die zu Emotion forschen, ist also prädestiniert für Kulturwissenschaft (aber alle sprechen anders über Emotionen)
- Ein- und Abgrenzung des Themas: man ist weit entfernt von einer sich durchsetzenden allgemein gültigen Theorie

Leitlinien und Leitfragen

1. welche Begrifflichkeit Affekt, Emotion, Gefühl?
   - keine Einigkeit in der Forschung welcher Begriff der beste ist → unterschiedliche Definition und Verbindlichkeit unter den Begriffen
   - Affekt:
     - Antike philosophisch und mittelalterlich theologisch belastet, Begriff der historisch festgemacht werden kann, nach Aristoteles → Affekt wird erlitten, überwältigt das Individuum, wird von Aristoteles Pathos → Leiden genannt
     - im Mittelalter Leiden wird zur Leidenschaft → wird in ein hierarchisches Wertesystem eingebaut, Affektelehre im Hinblick auf

seelisches Heil, das davon unterstützt oder gehemmt wird, Seelenlehren
unter religiösen Vorgaben mit Laster und Tugendkatalog

- Gefühl:
  - ➤ lässt sich gegenüber Affekt deutlich abgrenzen
  - ➤ während Affekte von außen verursacht werden, bezieht sich ein Gefühl auf sich selbst (Steiner 2009), Selbsterfahrung, das empfindsame Subjekt kann sagen „mein Gefühl", bei Affekten kann man das nicht
  - ➤ erst spät als philosophischer Begriff
  - ➤ verweist auf das Innere des Menschen (Kant)
  - ➤ (Schwarz-Friese 2007) Unterscheidung zwischen Gefühl und Emotion → Gefühl ist derjenige Lebensteil von Emotion, der bewusst als subjektiver Gegenstand erfahrbar ist, man kann über Gefühle sprechen und man ist sich darüber im klaren

2. Emotion
   - Emotion ist der weitläufigste Begriff
   - im historischen Wörterbuch der Philosophie kein Eintrag zur Emotion
   - ist man erst wütend und schlägt dann auf den Tisch oder passiert das gleichzeitig → Favorisieren des behavioristischen Ansatzes, Emotion ist ein Signal an einen Kontext, der etwas verstehen soll, im Kontext der sozialen Person
   - hat jemand der auf einer einsamen Insel aufwächst gleiche Emotionen wie jemand der im sozialen Kontext aufwächst? nach These eins nein, These zwei ja

Der Terminus der Emotion bietet sich als Leitkategorie für Dispositionen des Fühlens, verstanden als **personal realisiertes ‚Involviert-Sein'** (Heller 1980, S. 19), an:
   - aufgrund seiner **„relativen Neutralität"** (Kasten, S. XIII, Anm. 1)
   - aufgrund seines Angebots der **Mehrdimensionalität**: Fühlen als personal realisiertes „Involviert-Sein" wird als ein **mehrdimensionaler** Komplex "von bewussten und unbewussten Kenntnissen, Repräsentationen und Prozessen" verstanden

Gegenstandsklärung: Was sind Emotionen?
Zwei dominante Erklärungsvarianten:

These 1:	These 2:
psych. Ansatz (Schnell, Jaeger)	behaviorist. Ansatz (Debus, Plutchik, Kasten)
E = Bewusstseinsvorgang/ modus	**E = soziale Interaktion/ Handlung Performanz**
1. Codierung: expression körpersprachl. Zeichen + verb. Äußerung	- E = nur in Handlung sichtbar
2. Codierung: representation text. Umsetzung	- E = sozialer Akt

3. sind Emotionen Universalien, unveränderbar konstant? Angst gleich Angst? oder sind sie kulturelle historisch bedingte Konstrukt?
   - fächerbedingt kontrovers diskutiert
   - für Universalien sprechen vor allem, psychologische, medizinische Theorien → (Ekman 2002) Basisemotionen, die angeboren sind, sie sind kulturell und historisch übergreifend identifizierbar (Lachen, Weinen, Schmollen, Wut-Stirnrunzeln) → auch bei steinzeitlich lebenden Stämmen oder blinden Kindern
   - (Damasio 1997/2004) primäre Emotionen sind angeboren, beruhen auf Schaltkreisen des limbischen Systems
   - was gehört alles zu Basisemotionen? → Unterschiede, aber durchgängig fast nur negative Gefühle (außer Glück, Liebe kommt nie vor, aber Eifersucht) → Emotionsauslöser, -wertungen und -wirkung kann immer ganz verschieden sein → unterschiedliche Theorien
   - Ausdrucksformen unterliegen bestimmten Regeln, werden als Display rules oder Manifestationsregeln in der Forschung bezeichnet
   - zu starke Ausprägung der Emotionen gilt bei uns als Labilität → Maskierung oder Unterdrückung des Ausdrückens wird im öffentlichen Kontext gefordert, andersherum aber manchmal auch übertreiben (Kondolenzfall) → kultureller Akt, Emotionen können vorgetäuscht werden
   - (De Sousa) Schlüsselszenarien, bei denen die display rules erworben werden → wiederkehrende Handlungsmuster, Erzählungen und Einflüsse durch Literatur und Kunst

Emotionsforschung II
   - Emotion bietet am meisten Spielraum durch seine relative Neutralität→ Kennzeichnet ein personal realisiertes Involviertsein→ Mehrdimensionalität.

1. Emotionen als psychologische Prozesse, die nach außen transportiert werden
2. Emotionen als Handlungen. Soziale Akte.
3. Emotionen sind universale und konstruktive Elemente

   - Körper ist an Emotionen wesentlich beteiligt→ Neurologische Prozesse, Gesichtsausdruck, Puls, beschleunigter Atem, usw.

Theorien
1. Auf Auslösereize läuft Affektprogramm ab
2. Darwin: Universale Mimik, Körperhaltung, Stimme
3. Emotionen: Repräsentationen der körperlichen Symptome→. Gehirn interpretiert körperliche Symptome.
   → Aber: Emotionen besitzen eine vom Körper getrennte Begrifflichkeit

- Emotion: Lat. Movere (bewegen), emovere (herausbewegen, entfernen), Exmovere (in Bewegung setzen, erregen) →Emotionen sind sinnliche Bewegungen und Erregungen
- Innere Erregung mit Korrelat im Raum (Pulsschlag(Angst), Faustschlag (Zorn)), Raumaffekt in bezug auf Angst besonders stark ausgeprägt, im Gegensatz zu z.B. Freude
- Angsterregung als Emotion der Enge → Lähmung oder Flucht
- Angst. Mhd. angest. ig. Anghu. (eng bedrängt, bedrängend) lat angor (würgend) angustia (Enge) angere (die Kehre zuschnüren, das Herz beklemmen)
- Engegefühl charakteristisch, kommt auch in Alltagsmetaphern zum Ausdruck: Kehle zugeschnürt, kein Wort herausbringen. Mangelnde Handlungsfähigkeit → Starre, kein Handlungsraum mehr. Steigerungen: Panik, Grauen
- Angst nach Schmitz: Gehindertes weg, gehinderter Fluchtdrang.
- Engegefühl beruht einerseits auf neuronalen Prozessen (universal), andererseits aber auch metaphorische Beschreibungen (kulturspezifisch) →Wir sind auf metaphorische Redeweise angewiesen um Emotionen auszudrücken, Indiz für Kulturspezifität →Je nach Ansatz universal oder kulturspezifisch.

Emotion und Rationalität

- med. Angstforschung: Unterscheidung normale Angst und pathologische Angst (Angststörung)
- Normale Angst
  - ➤ Existentielle Grunderfahrung als Bestandteil des menschlichen Lebens, Dient als biologisch angelegtes Reaktionsmuster der Wahrnehmung, Bewältigung und Vermeidung von Bedrohungen,
  - ➤ Realangst → richtet sich auf gefahrvolle Umwelt (Auto fährt auf einen zu)
  - ➤ Vitalangst vor Krankheiten (Krebserkrankung)
  - ➤ Bei realangst ist Ursache auszumachen und realistisch. Kognitiver Gehalt: Das Auto auf sich zusehen kommen, um Folgen des Krebses wissen, Wahrnehmen der Realität, Reagieren als Umsetzung des Wissens, Leben erhaltend, leben schützend, Im Prinzip daher positive Emotion.
- Pathologische Angst (Angststörung):
  - ➤ Gruppe von Störungen. Exessive Angstreaktionen bei Fehlen einer bedrohlichen Situation
  - ➤ Andere Umstände und Folgen der Angstreaktion → Verkennen der Realität als Stimulans
  - ➤ Pat. Angst agiert weitgehend unabhängig von einem realitätsgeleiteten Wahrnehmen, Angst als Krankheitssymptom

- Geschichtlicher Kontext
  - ➤ Antike: Emotion und Rationalität aneinander gebunden, keine Konkurrenz
  - ➤ Mittelalter: Auch eng verbunden, Herze als Sitz gefühlsmäßiger und verstandesmäßiger Kräfte; Sin → verstandesmäßige Bedeutung. Pl. Sinne → emotionale Bedeutung
  - ➤ In philosophischen Auszügen jedoch bereits Hierarchisierung von rationalen (höher eingestuft) und emotionalen Kräften
  - ➤ Nach Aufklärung: Beziehung von Emotionalität und Rationalität widersprechen einander, Tradition immer noch andauernd, Geprägt von geschlechtsspezifischen Diskurs, Emotionalität weiblich, Rationalität männlich
  - ➤ 20. Jhd.: Neue Ansätze. Rationalität der Emotionen? Emotionalität der Rationalität?

Emotionen sind:

a) biologisch neuronale Reaktionen
b) räumlich-phänomenale Empfindungen
c) interaktive Handlungen
d) kognitive Kräfte

Kulturgeschichte als Emotionsgeschichte

- nach Nobert Elisas 1936:
  - ➤ Trieb und Effektkontrolle in traditionellen Gesellschaften (z.B Mittelalter) weniger ausgeprägt als in modernen Gesellschaften
  - ➤ Abhängigkeit und Angewiesenheit aufeinander ist so stark geworden, dass Kontrolle der Affekte notwendig wurde
  - ➤ Am Beispiel Scham: Urinieren, spucken usw. erst in der Moderne als privat eingestuft → Körperfunktionen im MA deutlich weniger verborgen, weniger Beschränkungen.
  - ➤ Keine Trennung von privatem und öffentlichem Körper: Brauch oft in der Öffentlichkeit zu Spucken, Nacktheit als natürlich angesehen
  - ➤ Keine Trennung von privatem und öffentlichem Raum: Schlafzimmer, Bad, WC nicht abgesonderte Räume, z.B. Urinieren wo das Bedürfnis da war
  - ➤ Keine Trennung zwischen intimen und öffentlichen Beziehungen: Besuchsempfang in den Schlafräumen, Betten miteinander teilen, Sex nicht hinter den Kulissen, In Hochzeitsnacht begleitet →Privatisierung erst in der Neuzeit

Kritik an den Thesen:

- Gemeinsames Schlafen aufgrund von wenig Platz
  und Kälte
- Heterogene Quellen, z.B. Tischzuchten
- Epochenzeichnung: Antike müsste unzivilisierter sein, weil vor dem MA

- nach Hans Peter Dürr
  - ➤ Trennung von privatem und öffentlichem Körper: Intimität zu Hause,
    Badstuben: meist Geschlechtertrennung auf. Bedeckung der Scham beim
    Baden ,Nackt baden wurde mit Geldstrafen sanktioniert, Kleidung im Bett,
    Öffentl. Ausscheiden von Körpersekreten: tabuisiert
  - ➤ Trennung von privatem und öffentlichem Raum: diskrete Anbringung von
    Toilettensitzen , Geschlechtertrennung der Badstuben, Lauschen vor dem
    Fenster = Hausfriedensbruch
  - ➤ Unterscheidung zwischen privater und öffentlicher Beziehung : Hochzeitsnacht
    nicht öffentlich, Geschlechtsverkehr: nicht-öffentl. Angelegenheit,
    Ausgrenzung der Gäste, Diskretion gegenüber fremden Häusern

König Rother

Autor

gebildeter Kleriker, hochdeutschdichtender Niederdeutscher mit Publikum in Bayern
(Bayrische Adelsnamen im Text, seltsame Sprachmischung)

Inhalt

Inhaltlich geht es in der Dichtung um die Brautwerbung des weströmischen Herrschers Rother, der die Hand der Tochter des oströmischen Herrschers Konstantin begehrt. Gemäß den Prämissen des literarischen Prinzips der gefährlichen Brautwerbung muss allerdings zunächst der dem Werber feindlich gesinnte Brautvater überwunden werden. In drei Phasen vollzieht sich Rothers Werbung: Zunächst kommen Boten zum Einsatz. In der zweiten Werbungsfahrt reist Rother persönlich nach Konstantinopel. Doch erst die dritte Werbungsfahrt ist von nachhaltigem Erfolg gekrönt.

List, vorgeführte Vortrefflichkeit, Reichtum und Freigiebigkeit, außerdem das durch die Riesen demonstrierte Gewaltpotenzial — all diese Elemente, die in den ersten beiden Werbungsversuchen eine Rolle spielten, müssen in der dritten Werbungsfahrt um christliche Motive erweitert werden: Demut und Heidenkampf. Es zeigt sich also, dass eine ideale, gesamtrömische Herrschaft, wie Rother sie durch die Verbindung mit der oströmischen Königstochter und durch die Sicherung der Thronfolge durch das Zeugen eines Sohnes mit dieser anstrebt, christliche Tugenden sowie die Bereitschaft und Fähigkeit zur Verteidigung der christlichen Welt ebenso voraussetzt.

Vier Ängste → letzte Vorlesung

- ab Mitte des 12, Jhd. wird Heimatthematik auf Deutschland niedergeschrieben
- profane Literatur hat kaum Chance → religiöse Themen im Vordergrund → erst ab dem 12. Jahrhundert Änderung (Pergament → TEUER! erst im 12. Jhd. sind profane Themen wertvoll genug um aufgeschrieben zu werden)
- keine kleinen Erzählungen, sondern gleich epische Großformen (Vorbild: Frankreich)
- Kleriker versuchten weltliche Stoffe geistlich zu interpretieren → Profane Literatur erhält Legitimation für das Niederschreiben
- Spielmannsepik → König Rother → Missverständnis: Autoren dieser Epen im 12. Jhd. sind keine Spielleute sondern Geistliche (wählten einfache Sprache um volksnah zu schrieben)
- Schema der gefährlichen Brautwerbung → älteste Form: König Rother
  - räumlich: Fahrt übers Meer oder in die Fremde (dort gewinnt man die Braut)
  - szenisch: Beratungsszene (wer der Partner für den Protagonisten ist), Boten werden in die Fremde ausgeschickt
  - Lösung: Braut/Brautvater stimmen der Hochzeit zu, Brautvater widerspenstig → Bewerber muss selber kommen und für glücklichen Ausgang sorgen (manchmal wird Braut nach der Gewinnung noch einmal entführt → am Ende aber Versöhnung mit dem Brautvater)
- ca. um 1170 entstand König Rother
- eine Handschrift fast vollständig, wurde sehr früh aufgeschrieben, Bruchstücke von 3 weiteren Handschriften

- Dramaturgie der Angst
  - Machtdemonstration durch Angst
- Riesen → Etappen mit unterschiedlichen Angsterzeugungen

1. indirekte Perspektive: Bürger soll Königin vom Schiff erzählen, er sagt, dass er nichts sagen kann, weil er Angst hätte, auf dem Schiff sind furchtbare Leute → niemand hat was gesehen, trotzdem haben sie Angst → *vorhte* (forchte) → ruft Furcht bei den Bürgern hervor, Königin zeigt sich interessiert
2. blanke Angst: Fremde werden empfangen, sind aber so mächtig, dass man sie nicht wieder wegschicken kann → Angst wandert von Schiffen ins Innere des Hofes, von Bürgern zu Adligen
3. Angst wird stärker: König Rother zieht in den Hof ein (Machtentfaltung durch Reichtümer), physische Machtandrohung
4. höfische-antihöfische Allianz → sie fürchteten die Gäste; Constantin macht Gegenmachtdemonstration zahmer Löwe → Aspian (Riese) tötet den Löwen → Angst drängt jetzt wieder vom Hof hinaus in die Stadt
5. Eskalation: nächster Versuch Constantin Regie zurückzugewinnen, Zwist zwischen Aspian und Herzog Friedrich → neben Bedrohung durch Riesen (antihöfisch), auch Demonstration von Reichtum (höfisch) auch Geste der *milte* (Mildtätigkeit)

- Rother verkleidet sich als Pilger im zweiten Teil, als er die Braut wieder zurückholen will → schleicht sich ohne Glanz und namenlos in die Gesellschaft ein
- Diskussion der Brautwerbungsthematik und der von ihr vermittelten Werte → Diskussion was richtig und was falsch ist → wird in der Doppelung kritisch umorientiert
- Klimax: Machtdemonstration Held weltlich, dann Umschwenken in christliches Verhalten und zuletzt Gang ins Kloster

Diskurs
1. systematische Abhandlung (Deutschland bis ins 18. Jah.d Gebraucht) → erörtern
2. Text → in der Sprachwissenschaft zur Bezeichnung von Satzübergreifenden Erscheinungen
3. Debatte → philosophische Theorie, öffentliche Argumentation
4. Wissensordnung → F → Voraussetzung für Systematik des Textes

Wissensordnung

Kennzeichen

a) der Diskurs hat einen bestimmten Kerngegenstand (z.B. Gott im theologischen Diskurs)
b) der Diskurs unterliegt spezifischen Regeln für zulässige Begriffe, Vorannahmen oder Argumentationsmuster
c) der Diskurs hat eine institutionelle Grundlage in den gesellschaftlichen Lebenspraktiken
d) verschiedene Wissensordnungen → Archiv der Kultur
e) jeder Diskurs ist historisch variabel

- Theologischer Diskurs:
  ➢ Verlauf des 12. und 13. Jhd.: Angst als Bestandteil des Menschen zu reflektieren und zu affirmieren → timor die (Gottesfucht) → Angst vor Gott

ist etwas Positives, Angst vor weltlichen Dingen ist Negativ und mit wenig Gottvertrauen verknüpft, Contritio → Voraussetzung zur Vergebung und zur Gotteserkenntnis (Willkür und Angst von Constantin im ersten Teil)

> Terror den Rother und Riesen verbreiten erscheint als Legitime und adäquate Machtdemonstration → Constantin soll politisch einsichtig werden und in seine Sünden und sein falsches Verhältnis zu Gott eingewiesen werden → religiöse Contritio → Gesamtaussage des Textes verändert sich: keine Hierarchie der Herrscher bestimmt die Grundstruktur, es geht um Korrelation von weltlichen und geistlichen Handlungsmuster nebeneinander

- Angst fast in der Literatur erstmal nicht Fuß indem der Protagonist Angst hat, sondern in der Variante der Gottesfurcht

<u>Fazit König Rother</u>
- König Rother gehört zu den frühesten deutschsprachigen Romanen, die überliefert sind→ Diskutiert werden Herrschaftsqualitäten über die Handlungsstruktur der „Brautwerbungserzählung"
- Die Herrschaftsqualitäten und ihre Funktion werden über eine spezifische Angstdramaturgie narrativ umgesetzt:
  > Teil 1: König Rother erzeugt Angst = räumlich codierter und interaktiv funktionaler Akt der Eroberung.
  > polit. Diskurs => legitimes und notwendiges Mittel des (gerechten) Herrschers (contritio cordis)
  > Teil 2: König Rother zeigt sich als gottesfürchtig, daher furchtlos in der Welt.
  > theolog.-philosoph. Diskurs => König Rother hat teil an der Erkenntnis Gottes

<u>Insgesamt:</u>
- Angstdarstellung nicht psychologischer Ausgestaltung König Rothers⇔ Index der Wertung der Figuren / Mittel der Rezeptionssteuerung → wer Angst hat, hat seinen Platz in der Welt noch nicht gefunden, wer Angst (mit Recht) erzeugt ist legitimer, gottgewollter Herrscher

Heinrich von Veldeke: Eneasroman

<u>Autor</u>

- Heinrich von Veldeke: ca. 1140/50 geboren; aus einem Ministerialengeschlecht; Eventuell war er zum Kleriker ausgebildet worden; stand im Dienste der Grafen von Loon und Rieneck; starb wahrscheinlich kurz vor 1190 auf der Neuenburg bei Freyburg (Unstrut)
- Diebstahl seines zu zwei Dritteln fertigen Romanmanuskripts im Jahr 1174, das er 9 Jahre später in Thüringen zurückerhalten und abgeschlossen haben soll
- galt als Begründer der höfischen Epik, erster höfischer Roman (kulturprogramm, dass auf innere und äußere Erscheinungsformen abgestellt ist, innere Qualitäten kommen in anderem Maße zur Sprache); Vorbild von vielen anderen Dichtern
- Problematisierung des Helden → entscheident für gesamte weitere Entwicklung, nicht nur Held, der alles kann und alles macht sondern auch Held, der Defizienten kennt (Flucht aus Troja) → neuer Heldentypus, der Weg der Bewährung gehen muss

<u>Beschreibungskunst:</u>

descriptio personae	Personenbeschreibung
descriptio animalis	Tierbeschreibung
descriptio rerum	Beschreibung von Dingen
descriptio duelli	Kampfbeschreibung

<u>Ovid: Ars amatoria: Die 5 Liebesstufen</u>

visus	–	das (einander) Sehen
colloquium	–	das erste Gespräch
tactus	–	die (erotische) Berührung
oscula	–	Küsse
coitus	–	der Liebesakt

<u>Inhalt</u>

Der Roman beginnt mit einer kurzen Zusammenfassung der Zerstörung Trojas. Dem Trojaner Eneas tragen die Götter auf, zu fliehen und sein Leben zu retten, weil er der Sohn der Göttin Venus ist. Die Göttin Juno lässt ihn nun sieben Jahre auf dem Meer umherirren, da sie wütend auf dessen Mutter ist. Der Konflikt zwischen den beiden Göttinnen entstammt noch der Aeneis. Juno und Venus initiieren dort den Konflikt, der aus dem Parisurteil resultierte. Deutlich dezimiert erreichen Eneas und seine Gefolgsleute schließlich Karthago, dass die schöne Dido gegründet hat. Dido gewährt ihnen großzügig Hilfe und Sicherheit und verliebt sich bei der ersten Begegnung mit Eneas heftig in ihn. Sie hält ihre Gefühle zunächst aber geheim und kann in der Nacht darauf vor lauter Sehnsucht und Liebe zu Eneas nicht schlafen. Dido quält sich folglich unendlich und berät sich nur mit ihrer Schwester Anna. Alle beschriebenen Qualen stellen klassische "Minne-Symptome" dar. Nachdem Dido einmal verliebt ist, zieht diese Liebe alle körperlichen Konsequenzen nach sich. Eines Tages beschließt sie mit Eneas und dessen Gefolge auf die Jagd zu gehen. Durch ein Unwetter werden Dido und Eneas aber von der Gesellschaft getrennt und suchen zusammen Schutz unter einem Baum. Eneas begreift, wie schön sie ist und die beiden schlafen miteinander Nach anfänglichem Leugnen in der Zeit darauf gibt sich schließlich offen als seine Frau zu erkennen. Dabei stößt Dido auch die Herren der umliegenden Länder vor den Kopf, weil sie sich nach dem Tod ihres verstorbenen Gatten Sychaeus verpflichtet hat, sich nie wieder zu binden. Dieses Problem wird auch in der späteren Unterweltsfahrt des Eneas thematisiert. Nach einiger Zeit schicken die Götter Eneas eine Botschaft, in der sie ihn auffordern, das Land zu verlassen. Er ist darüber zwar betrübt, will aber tun, was sie verlangen. Dido versucht ihn davon abzuhalten. Sie beklagt sich und beschimpft ihn, scheitert aber. Nach seiner Abfahrt stürzt sich Dido in ihr Schwert und verbrennt im Feuer. Diese Art des Todes stellt Dido als besonders maskulin dar, was ihrem gesamten bisherigen Auftreten entspricht. Kurz vor dem Tod verzeiht sie Eneas noch. Dido wird sehr beklagt und fürstlich bestattet.

Während der Reise erscheint der verstorbene Vater Eneas und trägt ihm auf, seine tapfersten Männer auszuwählen, um nach Italien zu fahren. Vorher solle er ihn aber noch in der Unterwelt treffen. Zu diesem Zweck solle Eneas die Prophetin Sibylle von Cumae treffen. Eneas findet die furchterregende Sibylle vor ihrem Tempel. Nachdem die Sibylle um Eneas Bestimmung erfährt, verspricht sie, ihm zu helfen. Die beiden machen sich auf den Weg in die Unterwelt. In der Unterwelt herrschen große Qualen und Leid. Sibylle führt Eneas weiter und sie treffen auf den Höllenhund Cerberus, auf die leidenden Kinder, die im Mutterleib gestorben sind, auf die gefallenen Krieger und auf die, die aus Liebe den Tod gefunden haben. Eneas findet hier auch Dido, die sich aber abwendet. In den Elysischen Gefilden begegnet ihnen schließlich der Vater des Eneas, Anchises. Er zeigt ihm in einem Gewässer die Zukunft. Außerdem verkündet er seinem Sohn, wo er sich nach der Reise niederlassen soll. Sibylle und Eneas kehren wieder in die Oberwelt zurück.

Zusammen mit seinem Gefolge fährt Eneas nun übers Meer und kommt in der Tibermündung an. Der dort angesiedelte König Latinus nimmt ihn in Laurentum freundlich auf. Er verspricht Eneas seine Tochter Lavinia als Frau, dazu Land und Krone nach seinem Ableben. Die Götter selbst haben es Latinus so aufgetragen. Eneas beginnt daraufhin, auf einem Berg die Burg Montalbane zu errichten. Die Königin erinnert ihren Mann zornig daran, dass die Prinzessin bereits dem Rutulerfürsten Turnus versprochen ist. Der will sein Recht gegenüber Eneas behaupten und versammelt ein großes Heer um sich. Im Heer des Turnus befinden sich sehr viele edle und tapfere Männer aus den verschiedensten Ländern und Städten. Auch unter Anderem der Sohn von Neptun und die wunderschöne Jungfrau Camilla, die sich wie ein Ritter verhält und mit ihrem weiblichen Gefolge in den Kampf zieht. Turnus und seine Gefolgsleute beschließen vorerst, die Burg Montalbane zu belagern. Eneas ist aber gut gerüstet mit Waffen und Lebensmitteln, so dass er standhalten kann. Die Göttin Venus sieht unterdessen, in welcher Gefahr ihr Sohn schwebt. Sie verträgt sich wieder mit Volcanus, dem Schmiedegott, damit er Eneas eine prächtige Rüstung baut. Eneas zieht nun auf Anraten seiner Mutter nach Pallanteum, um die Unterstützung des dortigen Königs Euander zu gewinnen. Weil Turnus und Euander Feinde sind, schickt dieser unter Anderem seinen Sohn Pallas mit Eneas mit. Als Eneas mit Gefolge zurückkommt, gehen die Heere kurz darauf aufeinander los. Der Kampf dauert den ganzen Tag und Eneas erlegt viele Feinde . Auch Turnus und Pallas liefern sich einen heftigen Zweikampf, in dem Pallas schließlich niedergestochen wird. Ehe Turnus den Getöteten verlässt, stiehlt er ihm einen Ring vom Finger. Diesen Ring hat Eneas Pallas zum Zeichen der engen Verbundenheit geschenkt. Pallas wird voller Schmerz beklagt. Sein Grab ist königlich. Die Pforte wird zugemauert und erst mehr als 2000 Jahre später in der Zeit von Kaiser Friedrich I. wiederentdeckt.

Latinus berät sich nun mit seinen Vasallen. Sie kommen gerade zu dem Entschluss, dass Eneas und Turnus im Zweikampf um Frau und Krone kämpfen sollen, als die beiden Heere erneut beginnen zu kämpfen. Besonders die Jungfrau Camilla kämpft tapfer und ersticht einen Spötter. Als sie aber den Helm eines Opfers an sich nehmen will, wird sie hinterrücks von einem Trojaner durchbohrt. Die tote Amazonenkönigin wird beweint, in die Heimat geschickt und prachtvoll begraben.

Eines Abends nimmt die Mutter Lavinia beiseite und rät ihr, Turnus zu lieben. Lavinia weiß nicht, was es mit der Minne auf sich hat und die Mutter versucht, es ihr zu erklären. Die Königin schließt damit, dass sie androht, ihre Tochter töten zu lassen, falls sie ihr Herz Eneas zuwenden sollte. Kurz darauf erblickt Lavinia von ihrem Fenster aus Eneas. Augenblicklich beginnt sie, ihn zu lieben. In einem langen Monolog versteht Lavinia nun immer mehr von der Minne, die sie so leiden lässt. Sie beginnt, Turnus zu hassen. Am nächsten Tag durchschaut die Königin Lavinias Zustand und überredet die Tochter, den Namen des Geliebten aufzuschreiben. Als sie den Namen Eneas' liest, verflucht sie ihre Tochter und schimpft auf den Trojaner. Dabei verleumdet sie ihn und deutet unter Anderem an, er sei mehr Männern als Frauen zugewandt. Lavinia verteidigt Eneas und fällt schließlich einer Ohnmacht zum Opfer. Nach dem Erwachen schreibt Lavinia einen kurzen Brief an Eneas, in dem sie ihre Liebe zu ihm offenbart. Sie versteckt den Brief in einem Pfeil und überzeugt mit einer List einen Bogenschützen davon, ihn in Richtung Eneas abzuschießen. Eneas findet den Brief und liest ihn heimlich. Bei Eneas zeigen sich nun ebenfalls die Anzeichen der Minne.

Er kann nicht schlafen und ist jetzt in der Lage, die Qualen Didos nachzuvollziehen. Hätte er das schon früher getan, hätte er sie nie zurückgelassen. Eneas sieht jetzt, welche Schuld er um ihretwillen trägt und dass die

Minne ihr – genauso wie ihm jetzt – Geisteskraft geraubt hat. Umso entschiedener will er gegen Turnus um Lavinia kämpfen.

Am Tag des Zweikampfes kommt es nochmals zu einer Auseinandersetzung zwischen den Kampfgenossen von Turnus und Eneas. Eneas wird von einem Pfeil getroffen. Er wird nur kurz verarztet, erscheint dann wieder auf dem Feld. Turnus und Eneas beginnen nun endgültig den Zweikampf mit dem Schwert. Turnus schlägt sich tapfer, aber Eneas hat eine so gute Rüstung, dass er stets geschützt bleibt. Zudem verleiht ihm der Anblick Lavinias Hoffnung, so dass er die Oberhand gewinnt. Turnus gesteht Eneas nun alles zu, auch die Entscheidung über sein Leben. Da zeigt Eneas Mitleid: Er will Turnus am Leben lassen und ihm seine Gewogenheit schenken. Da sieht er an der Hand des Turnus den Ring des Pallas. Er rächt seinen Freund und bestraft Turnus' Habgier, indem er ihn enthauptet. Die Klage um Turnus ist groß.

Am nächsten Tag wird Eneas in Laurentum herzlich willkommen geheißen. Eneas und Lavinia werden vom Glück erfüllt. Im ganzen prächtig ausgestatteten Palast herrscht feierliche Stimmung. Nur die Königin verflucht Lavinia und liegt tagelang im Bett, bis der Tod sie einholt.

Der Hochzeitstag wird sehr groß begangen. Es herrscht allgemeine Großzügigkeit. Veldeke vergleicht die Feier mit dem Mainzer Hoffest von 1184. Eneas wird ein König mit Macht. Er lebt mit Lavinia sehr glücklich. Zu seinen Nachfahren gehören Romulus und Remus, aber auch Julius Caesar und Kaiser Augustus. In dessen Zeit ist auch Jesus Christus geboren.

- entstand auf Grundlage einer französischen Vorlage (Roman d'Eneas), der sich wiederrum auf die Aeneis von Vergil bezieht
- Reduktion der Götterwelt und Erweiterung der Liebeshandlung im Vergleich zur Aeneis

Eneasroman

neuer Heldentypus, Held ist nicht mehr nur ein Star (ist aber trotzdem mit allem ausgestattet was ein Held braucht, aber er lässt seine Sippe zurück)

Konsequenzen auf drei Ebenen der Narratologie
1. Ebene der histoire: Held demonstriert nicht mehr Vorzüglichkeit sondern Bewährung
2. Ebene der Figurenzeichnung: Angst → Unterweltfahrt, Liebe → neuer menschlicher, angreifbarer Held, der sich bewährend muss (Siegfried z.B. ist fast unüberwindbar)
3. Ebene des discours: Darstellung: statt auktorialer Erzähler, stellenweise aus der Sicht des Helden → Liebesmonologe mit innerer Befindlichkeit der Helden

Histoire: Geschichte, story, histoire ist die chronologisch und kau-sal sich entwickelnde Darstellung der Ereignisse
Discours: Erzählung, discourse, récit = erzählerische Vermittlung
Feinstruktur des Helden und vor allem der Frauen werden wichtiger, auch das Innenleben

Perspektiven des Erzählens

Fokalisation
Wissensbestände von Erzähler und Protagonisten: Wer weiß was wem gegenüber?
- Nullfokalisation: optische Übersicht; der Wissens- und Wahr-nehmungshorizont des Erzählers ist größer als derjenige der Figuren.
- Interne Fokalisation: Erzähler in optischer Mitsicht mit der „Reflektorfigur"; Erzähler weiß genauso viel wie Protagonist

- Externe Fokalisation: Erzähler weiß weniger als Protagonisten (oder gibt sein Wissen nicht preis; siehe Kriminalroman)

Erzähler

- Homodiegetische Erzählung: Kennzeichen: Ich-Erzähler., Erzähler hat teil an der Welt der Erzählung, er ist Figur seiner Er-zählung (interne Fokalisation)
- Heterodiegetischer Erzählung: Kennzeichen: Er-Erzähler, Der Erzähler hat nicht Teil an der Geschichte
  - ➢ auktorial: Nullfokalisation (Übersicht); auktoriale Eingriffe des Erzählers z.B. bei der Zeitgestaltung, durch Kommentare, Le-seranreden und Stellungnahmen
  - ➢ personal: interne Fokalisierung (Wissenshorizont des Erzäh-lers beschränkt sich auf die jeweilige Reflektorfigur); Deixis (temporal, lokal: hier, jetzt) auf Reflektor bezogen

Ängste im Eneas

- Unterweltfahrt
  - ➢ Angst beim Anblick von Sibylle
  - ➢ Eneas wird als „wîgant" (Held, Kämpfer) bezeichnet um zu zeigen, dass er sonst furchtlos ist → Angst muss immer begründet sein
  - ➢ Angst immer wenn er etwas schreckliches sieht (Cerberus, Charon usw.) → keine Angst wenn er Höllenqualen der verlorenen Seelen sieht
  - ➢ Angst im Zusammenhang mit Übergängen, als Zeichen dafür, dass etwas Vertrautes verlassen wird und in etwas Fremdes eingetaucht wird
- Kampf und Krieg (als „verneinte" Angst)
  - ➢ nur in negierten Form wird von Angst gesprochen
  - ➢ Angst haben eher die Feinde
  - ➢ Eneas hat Angst, als er unbewaffnet von einem vergifteten Pfeil getroffen wird und als er Turnus im Zweikampf fast unterliegt → Angst als Zeichen für den Ernst der Lage, nicht als Zeichen von Schwäche und Feigheit
  - ➢ Angst erlaubt, wenn es zur Vorsicht und Besonnenheit gehört
- Liebe (Dido, Lavinia und Eneas)
  - ➢ Dido und Lavinia haben beide Angst ihre Liebe zu gestehen und Angst sie nicht zu gestehen → sind schlaflos
  - ➢ Angst vor der Reaktion der Außenwelt (geben Namen von Eneas nur zögerlich preis)
  - ➢ Angst der Frauen wird narrativ gestaltet → bei Liebesangst eine Art Innenschau der Protagonisten, Angst muss im Zusammenhang mit Liebe nicht begründet werden

Hartmann von Aue: Erec I

- Erec als Urbild aller Artusromane

<u>Autor</u>

- Hartmann von Aue (1210/1220 gestorben) → neben Wolfram von Eschenbach, Gottfried von Straßburg → bedeutendster Epiker der mittelhochdeutschen Klassik um 1200
- urkundlich nicht bezeugt → Rekonstruktion durch Nennung anderer Autoren oder seine eigenen Werke (vor allem in den Prologen, manchmal auch aus dem Textzusammenhang selbst)
- Hartmann ist Ministerialer → lebt von Diensten in Krieg und Verwaltung für einen Adligen Herrn, konkrete soziale Position konnte sehr unterschiedlich sein von niedrig bis sehr hoch → wir wissen aber nicht so genau wo Hartmann stand, aber auf jeden Fall nicht in einer ganz hohen Stellung
- war so gelehrt, dass er lesen konnte, lateinische Schulbildung, konnte aber auch französisch (Werke wurden aus dem französischen übertragen) → Ritter, der Lesen konnte, schließt sich eigentlich aus, Ritter hatte nicht zu lesen, Hartmann konnte es trotzdem → Hartmann möchte seinem Publikum entgegenkommen, das vorwiegend aus Rittern besteht, möchte Ritterwelt und klerikale Ausbildung zusammenbringen (Hartmann war vielleicht gar kein Ritter?)
- Genetiv S nie an den „Nachnamen"
- Aue bei Ravensburg und Freiburg → im Dienst der Zähringer seit dem 11. Jahrhundert ein Geschlecht dass zu Hartmann führen könnte → sein Dialekt verweist auch auf den alemannischen Raum → Zähringer hatten enge Kontakte nach Frankreich

<u>Werke</u>
Arthurische Romane; Erec, Iwein
Legendenerzählungen: Gregorius, Arme Heinrich
allegorisches Streitgespräch: Klagebüchlein
Lyrik Minne- und Kreuzlieder
→ wendet sich keltischen Stoffkreis zu, kursieren in der Volkssprache, man verlässt akzeptiere Vorbilder der Antike und geht in den nationalen Bereich (gewagter Schritt)
warum → mündliche Stoffe im Hintergrund, Verschriftlichung durch Chretien und Hartmann

<u>Inhalt</u>
besteht aus zwei Teilen → kürzerer erster Teil: Aufstieg des Königssohns und Artusritter Erec zu großem Ruhm und zum Erwerb der schönen Gemahlin Enide und mit Verlust dieses Ansehens endet; längerer Zweiter Teil: mühselige Wiedergewinnung der Ehre

Erec, ein junger und unerfahrener Ritter am Hof des Königs Artus, Sohn des Königs Lac, wird vor den Augen der Königin von dem Zwerg eines umherziehenden Ritters durch einen Schlag entehrt. Ohne Umschweife und Ausrüstung nimmt Erec die Verfolgung auf und gelangt zur Burg Tulmein des Herzogs Imein. Auf der Suche nach einer Unterkunft gerät Erec an den verarmten Edelmann Koralus. Von diesem erfährt er von dem bevorstehenden Sperberkampf in Tulmein und dass Iders, der Ritter, dessen Zwerg Erec gedemütigt hat, bereits zweimal in Folge den Schönheitspreis für seine Freundin entscheiden konnte. Erec beschließt, ebenfalls an dem

Turnier teilzunehmen. Er verspricht Koralus, dessen Tochter Enite zu heiraten, falls sie ihn zum Sperberkampf begleiten sollte. Erec gewinnt das Turnier und die Hand Enites. Die Hochzeit wird am Artushof abgehalten. Danach zieht er mit Enite nach Karnant, dem Hof seines Vaters (der zugunsten Erecs auf die Herrschaft verzichtet). Dort vernachlässigt Erec seine Herrscherpflichten, weil er aus Liebe zu Enite die Tage mit ihr im Bett verbringt (in der Literaturwissenschaft wird dieses Vergehen Erecs meist als verligen bezeichnet, ein Begriff, der unmittelbar Vers 2971 unz daz er sich sô gar verlac entnommen ist). Als er durch Enite erfährt, dass er zum Gespött des Hofes geworden ist, beschließt er heimlich den Hof zu verlassen und aventiure zu suchen. Enite, der er bei Todesstrafe zu sprechen verbietet, muss ihn begleiten. Als diese ihn entgegen seines Gebots vor nahenden Räubern warnt, behandelt er sie fortan wie einen Knecht: Sie muss schließlich acht Pferde führen, die Erec Angreifern abgerungen hat. Dabei bricht sie abermals das Sprechverbot, das durch Erec bis zum Schluss nicht explizit aufgehoben wird. Er besteht eine Reihe von Abenteuern (In doppelter aventiure-Reihung: Zunächst kämpft er gegen unhöfische Räuber, dann für Enite gegen einen namenlosen Grafen; der Kampf gegen den König Guivreiz beendet die erste aventiure-Reihe. Nach der Zwischeneinkehr am Artushof und kurzer Erholung, beginnt die zweite aventiure-Reihe: Er rettet einen Edelmann vor zwei unhöfischen Riesen, verteidigt seine Frau gegen den Grafen Oringles und kämpft schließlich abermals gegen den König Guivreiz). Im letzten Abenteuer - Des Hofes Freude(Joie de la curt) kämpft Erec gegen den riesenhaften Mabonagrin, der wegen eines Versprechens seiner Freundin gegenüber gezwungen ist, Eindringlinge aus ihrem gemeinsamen Baumgarten zu vertreiben. Im Verlauf der aventiure-Fahrt, hat Erec - vor allem wegen Enites treuer Beharrlichkeit - das rechte Maß zwischen Liebe und Herrschaft erkannt, eine Einsicht, die er schließlich an den besiegten Mabonagrin weitergeben kann. Schlussendlich kehren Erec und Enite nach Karnant zurück, wo sie fortan als vorbildliches Herrscherpaar leben.

- Eine Episode reiht sich an die andere (wie auch beim Tristan) → diese Art dominiert das frühste Erzählen → repräsentiert mündliches Erzählen, an eine Erzählung wird eine weitere Episode angehängt usw. man kann also selbst bestimmen wie weit und wie lange man erzählt

wo geht Erec jetzt übers mündliche hinaus? wo ist der besondere Sinn der Erzählung?

- eine Episode sticht heraus: Joie de la cort, Baumgartnern → als Spiegel der gesamten Problematik, im Minnegarten eingeschlossenen Park nochmal die Episode aus dem ersten Teil wiederholt → Erec befreit symbolisch sich selbst, Thema des Werkes wird noch einmal herausgestellt, demonstriert wie eine absolute Liebe erst zur Isolation und sogar zur Vernichtung führen kann

Artus: Jagd auf weißen Hirsch	Artushof	Artushof Balance d. Kräfte/Höf. Fest
Beleidigung: Auszug		/vröude/Idealität
Coralus/Enite/ Sperberkampf:	Provokation = Krise von außen	
	Gewinn von êre und wîp	Tat => Minne qua Leistung
Artushof/ Hochzeit/Karnant		Minne als Begierde *Unbedingtheit d. Eros*
Erec/Enite/verligen: Auszug	Artushof	Artushof
2 Räuberüberfälle		
Grafenepisode	Provokation = Krise von innen	
Zwerg Guivreiz	Begierde/Tat	
		Spiegelung Teil I:
Artushof, Pflege Erec	Begierde/Tat	Rehabilitierung nach außen
Riesen	Tat/Erec siegt	
Graf von Limors	Artushof	Artushof

Zwerg Guivreiz		Tat aus Mitleid	Spiegelung Teil I + IIa:
Joie de al Court		Begierde/Erec hilflos	Relativierung der Tat *Durchgang durch Tod*
Artushof/ Ehrungen/ Karnant.		Tat/Erec unterliegt	=>
			Minne als Geschenk Minne als triuwe, staete, Balance
	Artushof		Artushof: Idealität als Durchgang/dynamisch
Episoden	Doppelweg		Thema

„Der Doppelweg"

hätte man das nicht auch kürzer machen können? Warum braucht es Arthusgestalt usw.?

- Hugo Kuhn (1948) → hat Episodenreihe demonstriert und zeigte erstmals den Doppelweg
- Wiederkehr des Arthushofes → Handlung die einen Bogen geht und einen zweiten Bogen geht mit dem Arthushof als Fixpunkt
- Krise von außen veranlasst, dass Ritter auszieht um das Problem zu beheben, gewinnt eine Frau und kehrt an den Hof zurück → Störfaktor beseitig, Ehre wieder hergestellt → danach zweite Schwierigkeit: Krise von Innen aus der Paarbeziehung
- Einheit von Inhalt und äußerer Form, Bedeutung der Geschichte wird deutlicher

2. Teil aufgeteilt in 3 Triaden

- 1. Triade: Kraftakt, Enite von Burggraf umworben, Tatkraft und Tüchtigkeit des Helden wird herausgestellt, Erec will beweisen, dass er noch der Sieger von einst ist
- 2. Triade: Kampf mit Riesen ist Hilfsaktion als Erbarmen für eine Frau deren Mann von einem Riesen entführt wurde, Erec ist hilflos wegen Ohnmacht, Gefährdung wird zum äußersten getrieben (Hochzeitsmahl), Enite hält sogar zu ihrem „toten" Gatten
- 3. Triade: Kampf mit Zwerg, ritterlich beim ersten Kampf, fast feige und wird verwundet, siegt aber, zweite Begegnung, Erec verhält sich höfisch, unterliegt aber

- arthurisches Model soll Verhältnis von Aventiure und Minne, Gewalt und Liebe soll durchgespielt werden → Problematisierung und Durchführung dieser Themen im Erec
- bei Rother ging es vor allem um Bewährung Rothers, wenig um Minne, bei Eneas wird Minne schon aufgewertet, Eneas bleibt aber primär der Eroberungsheld, jetzt gleichberechtigt als Themen im Erec
- auch bei Eneas und Rother gibt es einen doppelten Weg, aber nicht der fast schon symmetrische Bezug einzelner Episoden auf die anderen
- wegen klarer Struktur und seiner besonderen Gestaltung wurde Hartman auch von anderen Autoren erwähnt → im Tristan → Dichtung nicht mehr nur außen, sondern auch innen

Das neue Literaturverständnis

- Problem: Zusammenhang zwischen Handlung und Struktur beim Erec stärker als bei bisherigen Erzählungen → schaffen wir da etwas, das so gar nicht gedacht war? gegen

die Autoren? → man muss sich die Erzählerstimme in den Prologen genauer anschauen
- Erecprolog ist allerdings verloren, also muss man auf den Chretiens zurückgreifen

→ bei Hartmann: Autor mit ungeheurem Selbstbewusstsein spricht, Erzähler nimmt künftige Begebenheiten vorweg und tritt stark in den Vordergrund; macht Gute Figuren noch besser und arme noch ärmer usw. (als bei Chrestien)

Fazit des neuen poetologischen Konzepts:

1. Der Sinn des arthurischen Romans nach Chrétien und Hartmann ist nur ablesbar und erfahrbar im Zusammenspiel von *conte* und *conjointure*, von Handlung und Struktur

2. Damit gibt es keine Sinn hinter der Erzählung, keine vorgegebene Wahrheit des Faktischen oder Moralischen, die nur zu illustrieren wäre, es gibt allein die Wahrheit in der Fiktion = die Wahrheit der Fiktion.

3. Dem Rezipienten wird somit keine abziehbare Lehre geboten, die losgelöst von der Handlung zu formulieren wäre. Der Sinn ist vielmehr nur im Durchgang durch die Erzählung zu erfassen.

→ **Szenen können nun gut verglichen werden vom Leser**
→ **Autor geht sich selbst gegenüber eine größere Verpflichtung ein, Zusammenhänge müssen klar sein, nicht mehr Episode für Episode sondern zusammenhängende Erzählung**

Hartmann von Aue: Erec II
Doppelte Angst von Enite
- Angst um Erec aber auch Angst vor Erec(bzw. Angst um sich), weil sie nicht reden darf und er sie sonst umbringt
- entscheidet sich für Angst um Erec und gibt sich dabei selbst auf und schützt lieber Erec, gibt sich aus Liebe zu Erec selbst auf (Analog zur Gottesfurcht: Furcht vor Gotteswillen ist höher anzusehen als Furcht davor selbst sündig zu werden, weil das egoistisch ist)
- weibliche Idealität: Frau, die eigene Minderwertigkeit gegenüber dem Mann erkennt → Modell weiblicher Idealität über hierarchisierung

Erec
- hat keine Angst um Enite, sondern Angst um seine Ehre weil er nicht verlieren will, nicht Angst, dass er sterben könnte, das hat ein Held nicht
- verhält sich in Kämpfen merkwürdig, so dass man unterstellen kann, dass er Angst hätte → erster Guivreizkampf, beim zweiten aber extrem mutig
- umsichtiger Held, darf im Kampf auch Angst haben → Lockerung, wenn es Sinn macht vorsichtig zu sein, darf männlicher Protagonist Angst zeigen

Fazit Angstthema

Angst physisch:
* Erec: kaum Umsetzung, allenfalls signifikant ist die Kampfzurückhaltung
* Enite: größerer Spielraum: Blässe, Unruhe, Ohnmacht

Räumlich
* Erec: räumliche Darstellung von Angst bleibt unspezifisch
* Enite: Darstellungsspielraum origineller: ‚vertikale' Transformation → flieht nicht, will nicht aus Verhältnis heraus

Interaktion:
* Erec: relevant wird der Aspekt der Interaktion vor allem in Bezug auf die gesellschaftliche Verpflichtung und das kämpfende männliche Gegenüber. Dieses soll jeweils von der eigenen Idealität, gefasst als Nicht-Feigheit, überzeugt werden sollen, Die Demonstration der Angstlosigkeit erfordert den Ausgriff in den Raum der antihöfischen Welt, das ‚Beweisfeld' der Nicht-Angst = Raumstruktur der Narration
* Enite: Interaktion definiert sich vorrangig als Aktion mit und für Erec zwischen den Polen Angst vor Erec und Angst um Erec, Spannweite der Angst entspricht Interaktionsraum; reicht gleichsam nur von ihr zu Erec, in Bezug auf eine weiter entfernte angsterzeugende Außenwelt kommt ihr primär eine Vermittlungsfunktion zu

Kognitiver Aspekt
* Enite: Angst übersetzt sich in eine Reflexionsbewegung, Kognitive und emotionale Aspekte der Angstregie werden in ein Programm der Alterität überführt (selbstlose Angst um den Anderen markiert weibliche Idealität; vgl. timor dei Diskurs), Engführung von Ermächtigung und Ohnmacht (destruktiver Zirkel)
  * intensive, Reflexionsprozess, emotionaler und kognitiver Aspekt verbunden → Angst mündet sie → Angst arbeitet Kognition zu, al triuwe interpretiert
  * Nähe zur Theologie
  * timor die → Gottesfurcht: timor servilis (schlechter), timor castus (besser)
  * servilis = Angst vor Gott um seiner selbst Willen, will keine Strafe,
  * castus= Angst um das Absehen, der göttlichen Weisheit, Willen
* Erec: Angst übersetzt sich ebenfalls in eine Reflexionsbewegung, Ziel: relativierende Selbsteinschätzung (christl. Gebot der Selbstrelativierung)

Männliche Reflexion aufgrund von Angst führt lediglich zu relativierender Selbsteinschätzung, weiblichen Reflexion aufgrund von Angst hat als Ziel die Selbstaufgabe

Gottfried von Straßburg: Tristan I

<u>Autor</u>

- von dem Elsässer Gottfried sind keine urkundlichen Zeugnisse erhalten
- früheste und bedeutendste Informationen liefert der mittelhochdeutsche Epiker Rudolf von Ems: Werk *Der guote Gêrhart* nennt Gottfried von Straßburg explizit als Verfasser seines Hauptwerks *Tristan,* der Rudolfs *Guoten Gêrhart* beeinflusst hat
- Gottfried hatte eine über das Trivium reichende umfassende Bildung → war sowohl mit der höfischen Literatur als auch mit der Intelligenz des 12. Jahrhunderts vertraut
- wahrscheinlich → Gottfried nichtadeliger Herkunft war und als Kleriker weltliche Aufgaben übernahm
- Wie aus Tristan hervorgeht, war er für seinen Gönner *Dieterich*, der aus der Straßburger Oberschicht stammte, tätig.
- Möglicherweise genoss Gottfried eine universitäre Ausbildung in Paris oder Bologna und verfügte über Kenntnisse zeitgenössischer lateinischer Schriften.
- Gottfried starb vermutlich vor der Vollendung seines Tristan zwischen 1210 und 1220

<u>Inhalt</u>

Tristan, der Sohn Riwalins von Parmenien und Blanscheflurs, der Schwester Markes von Cornwall, wird nach dem frühen Tod seiner Eltern vom treuen Marschall seines Vaters, Rual li Foitenant, erzogen und kommt nach mannigfachen Abenteuern zu seinem Onkel, König Marke von Cornwall.

Nachdem Tristan seinem Onkel gegen Morold (einen Gesandten aus Irland, der Tributforderungen überbrachte) geholfen hat und er Morold im Zweikampf besiegte und tötete, muss Tristan nach Irland reisen, da er sich von Morolds vergiftetem Schwert eine tödliche Verwundung zugezogen hat. Nur die Königin Isolde von Irland verfügt über die Kenntnisse und Fähigkeiten, diese Wunde zu heilen, da auch sie es war, die das Schwert ihres Bruders Morold mit dem Gift tränkte.

Mit einer List verbirgt Tristan seine Identität: Er gibt sich als Spielmann Tantris aus, da er Rache befürchten muss. Schließlich wird er geheilt. Als Gegenleistung für seine Heilung macht ihn die Königin Isolde zum Erzieher ihrer Tochter Isolde, der er dann für eine gewisse Zeit Unterricht in Musik, Sprachen und Sittenlehre erteilt.

Nach Tristans Rückkehr nach Cornwall beschließt Marke zu heiraten. Tristan empfiehlt Isolde als geeignete Braut, und so sendet Marke ihn als Boten aus, bei König Gurmun und Königin Isolde von Irland für ihn um Isoldes Hand anzuhalten.

Tristan erlegt in Irland zunächst einen Drachen, auf dessen Tötung der König seine Tochter als Preis ausgesetzt hatte. Isolde erkennt Tristan als den vermeintlichen Spielmann Tantris wieder. Seine wahre Identität als Besieger Morolds wird ebenfalls entdeckt. Trotz dieser Enthüllungen wird Tristan am Leben gelassen und ihm Isolde für König Marke als Braut mitgegeben.

Die beiden reisen per Schiff ab. Brangaene, eine der Hofdamen in Isoldes Gefolge, erhält von der Königin heimlich einen „Minnetrank", den sie Isolde und ihrem Gemahl bei der Hochzeit zu trinken geben soll, damit beide mit unwandelbarer Liebe aneinander gekettet würden. In Brangaenes Abwesenheit löschen Tristan und Isolde ahnungslos mit dem Trank ihren Durst, und so verstricken sich diese beiden in eine unwandelbare Liebe. Schon auf der Überfahrt geben sie sich ganz ihrer Liebe hin und geraten dadurch in große Schwierigkeiten: Isolde wird nicht jungfräulich in die Ehe gehen. Sie denken sich daher eine List aus, um dies zu verbergen: In Isoldes und Markes Hochzeitsnacht schläft die jungfräuliche Brangaene mit Marke, ohne dass dieser etwas merkt. Fortan wird der Ehemann mit allen Mitteln der Liebesklugheit von Tristan und Isolde - nicht selten mit Unterstützung der klugen Brangaene - meisterhaft betrogen. Als am Hof ruchbar wird, dass sich Isolde und Tristan näher stehen als erlaubt, gerät Marke in argen Zweifel ob der Treue seiner Frau und seines Neffen zu ihm. Nach einer Reihe von Liebesabenteuern Tristans und Isoldens und ebensovielen Täuschungsmanövern werden die Liebenden endlich von Marke entdeckt. Tristan zieht in die Normandie. Hier lernt er eine andere Isolde, *Isolde Weißhand*, kennen, die sich in ihn verliebt. Tristan wird durch den Namen an "seine" Isolde erinnert und gerät nun in einen Konflikt mit seinen Gefühlen für die beiden Isolden. Mit der Schilderung dieses Zwiespalts in Tristan bricht Gottfrieds Erzählung ab.

Tristanfassungen

- altfr. Estoire*: rekonstruierte Urfassung – Mitte 12. Jhd.
- altfr.: Thomas von Angleterre, ca. 1172
- altfr. Berol, ca. 1180
- mhd. Eilhart von Oberg, ca. 1180
- mhd.: Gottfried von Straßburg ca. 1210
- Bruder Robert, Skandinavien, ca. 1225

- mhd. Fortsetzer:
- Ulrich von Türheim 1243
- Heinrich von Freiberg 1285/90

- Sir Tristrem, mittelengl. Version, 13. Jhd.

Artusroman:

Artush	A	A
Gewinn v. êre	Heirat Wieder-	Fest
und wîp	Krise gewinn	

Tristanroman:

Minne	M		M
T. Weg zu Isolde	T. bei I.	T. ohne Isolde	Tod
Gewinn	Dauerkrise	Verlust	

Gottfried von Straßburg: Tristan II

- Stoffbereich, der zu Tristan gehört → 2 große Stränge (Forschung streitet über einen Reflektionsstrang, relativ Volkstümlich, eher mündlicher, spielmännischer Erzähltyp) Version Commune (derber gestaltet), Thomas Version Courtois (höfische Version) → Gottfried orientiert sich an der französischen Version
- verschiedene Motive, in schriftliche Fassungen verschiedene Erzählmuster um gesammelten Stoff vorzubringen (Brautwerbungschema, Aspekte des Heilbringermärchens, Heldenepische Momente) → durch höfische Repräsentation tritt

Verfeinerung des Stils ein → Version Commune ähnlich wie Rother Erzählung, Psychologisierung der Handlungsführung, Modernisierung der Minnehandlung

Handlung
großer, ausführlicher Prolog → brillanter Autor
Tristan → etymologisch: triste, traurig → Tristan kann alles

- Artushof ist nicht mehr Zielpunkt im Tristan → entscheidende Instanz des Romans, an der sich die Handlung misst → Minne anstatt Artushof → daraus resultieren alle Probleme, kein Artushof als Ort des Ausgleichs, bei Tristan und Isolde gibt es keine Balance mehr, Minne hat keine Grenzen mehr, sprengt jede Grenzen bis zum Ende
- Zweiter Weg kein Widergewinn der Ehre sondern Verlust
- Ende nicht das Fest sondern der Tod → Minne, die in den Tod führt → wird schon in der Vorgeschichte gezeigt, Thema der Minne wird in der Elterngeschichte festgelegt, Minne für die alles geopfert wird
- gesamtes Potential der Minne im Tristan, alles ist an die Minne gebunden (Glück, Wahrheit, Ehre...) → zwei Akzentuierungen bei Gottfried die sich bei Einhard nicht finden, Gottfried verstärkt die Auswirkungen (Einhard Wirkung des Tranks 4 Jahre, bei Gottfried ewig) → Textstelle bei der sich Tristan die Minne als eigenes Aneignet, nicht nur durch Trank, macht die Minne zum eigenen Gesetz und seiner eigenen Identität (was sich schon durch seine Eltern abzeichnete), Tristan braucht kein Reich er definiert sich durch die Liebe
- Minne ist voll Tugend, Ehre usw. obwohl im Hintergrund immer der Ehebruch steht Leben in der Minnegrotte → bei Einhard Enthaltsamkeit und Leben in der Natur, Gottfried: sehr schön gestaltete, künstliche Umgebung, hebt die Minne hervor in Fenstern, Farben usw. → Leser werden einbezogen, platonische Minne durch die man ins Reich der Ideen aufsteigen kann (Flügel), Aufstiegs- und Abstiegsbewegung, Minne als Kraft, die einen ganz empor hebt (Krone an der Decke), Minne, die bei höchster Glückseligkeit auch alles Leid tragen wird
- Hohes Lied auf die Minne auf der einen Seite auf der anderen Seite: Minne bedeutet Leid und gibt am Ende den Tod, nicht überraschend, Liebe kann es ohne Leid nicht geben aber bei Tristan geht es nicht um programmatische Aussage, dass beides zusammengehört: Minne soll nicht wie im höfischen Roman überwunden werden, oder soll belehrend wirken, kein Happy End → Tristans Aussage ist eine Zumutung, inkommensurabel → Ambivalenz (Walter Hauk) der Tristaninhalte
- Leiden der Minne anders als bei anderen Erzähltypen
- Plot: Dreiecksbeziehung aus der Unheil wächst, Leid entsteht aus unmoralischen Anteilen der Minne und der Schuld

Minne als Abgrund
- Tristan muss zuerst zu Onkel Marke → Szene bei der er ausgesetzt wird, wird sehr ausführlich erzählt, warum? eine Szene fällt heraus, Passage in der Tristan (sonst immer als Wunderkind bezeichnet) wird immer als *ellend* → elend, in einem anderen Land, ist nicht beschützt, hat keinen sozialen Rahmen

- Tristan ist voller Angst (ist gerade 14 Jahre alt): weint, fürchtet die Wildnis, Angst dass Wölfe und andere Tiere ihn fressen → Held, der richtig Angst hat, Verzweiflung wird sehr genau geschildert, Tristan kämpft sich auf einen Berg, höfisches wird abgelegt, wird teilweise Teil der Wildnis (arbeitet sich auf allen vieren fort, verliert höfische Kleidung)
- völlig andere Figurenzeichnung als zu bisherigen Helden und anders als Tristan bisher vorgestellt wurde → Kind darf so reagieren wie Tristan (aber Tristan war bisher immer anders als andere Kinder), markiert Übergang zwischen Kindheit und Erwachsensein → Schwellenritual
- Kontext zeigt anderes Bild: Tristan wird mit außergewöhnlichen Merkmalen dargestellt, lernt mehr aus Büchern als je ein anderes Kind, keiner kann es so wie er → Held muss man nicht kennen um ihn zu identifizieren, Held wird erkannt sobald er auftauch auch wenn man sie nicht kämpfen fehlt (z.B. Siegfried, Nibelungen), bei Tristan fehlt das → Typus ohne natürlichem Boden, bei Tristan immer ein Fragezeichen für ihn und sein soziales Umfeld
- nach Angstpassage ändert sich vordergründig nichts, aber er erhält eine intentionale Ausrichtung, die ihm vorher fehlte, Tristan setzt sein Können und Wissen gezielt ein → Tristan weiß was er kann, setzt das ein → Unterschied zu anderen Helden, die das nicht funktionalisiert hatten
- Tristan erzählt Pilgern erfundene Geschichte, dass er eine Jagdgesellschaft verloren hat → trifft später Markes Gesellschaft, mischt sich dort ein und zeigt wie man einen Hirsch zerlegt und kann das besser als alle anderen, setzt sich in Szene und demonstriert wie er es besser kann → Einzug in den Hof soll durch sein Können gesichert werden
- vor der Angstszene ist Tristan Wunderkind, danach inszeniert er sich als solches → lernt mit der Norm zu spielen, unterliegt nicht mehr der Norm sondern gestaltet sie, schlüpft in unterschiedliche Rollen (Parzival und Erec können das nicht)
- Motiv der Angst, nicht als Anfänglicher Makel wie bei Eneas, oder als richtiger/falscher Gott wie bei Rother, nicht richtiges oder falsches Verhalten im Kampf, sondern als Mittel den Helden zu differenzieren, Doppelbödigkeit der Figur, treibt Figur zu immer neuen Identitäten → Tristan überwindet Angst nicht primär durch Tat sondern durch das Wort → erfindet Geschichten und schafft es dadurch einen Schritt weiter → auch Verbündete (z.B. Isolde) machen das genauso
- Tristan singt immer von Isolde, meint aber SEINE Isolde → dort am Hof ist aber die andere Isolde → Verwirrung
- Tristans Lügengeschichte → Schiff mit Isolde weiße Segel → stirbt, Geschichte wendet sich gegen ihn → Lügengeschichten und nicht Minne bringen den Tod

Zusammenfassung Tristan:

1) Der verschobene Maßstab: Artus -> Minne

2) Das neue Problem: Der berechnende Spieler und die Minne (der Zufall)

3) Die zwei „Lösungen":

a) Verstrickung in die Scheinwelt: Minne – Trug – Tod

b) Erlösung in eine utopische Minnewelt : Minne – Beseligung – Wahrheit

4) Schluss: Ambivalenz

- Kind hat Sonderrolle → hier kann Tristan weinen, später weint Tristan nicht mehr (Held weint nicht)
- Raum: eher auf Erzählerebene, doppelte Figurenzeichnung → Angst wird zum Medium der Differenzierung des Helden, Tristan reflektiert nicht mit dieser Doppelbödigkeit
- Interaktion:
  - mit sich selbst: Doppelbödigkeit veranlasst Figur eigene Identität immer neu zu interpretieren
  - in personalem Bezug: Ausweg wird immer über Sprache gesucht, nicht über körperliche Reaktion, Angst macht erfinderisch
- Kognition: Verlust der Differenzierungsmöglichkeit zwischen Sein und Schein

Konrad von Würzburg: Partonopier

entstanden 1277

Autor: Konrad von Würzburg
- gelebt in Basel und Straßburg
- gestorben 1287
- Berufsdichter
- Vorbild seiner Werke in stilistischer Hinsicht: Gottfried
- aufwendiger, facettenreicher Stil, hohe Wertschätzung der Kunst
- Darstellung der typischen Figuren geht etwas zurück, Psychologisierung der Handlungsmotive
- hat früh Dichterruhm erlangt → Name bleibt bis ins 14./15- Jhd. präsent

- nach französischen Vorbild
- erster Epos für städtisches Publikum gedichtet, im Auftrag für Basler Bürgermeister
- Überlieferung wird immer spärlicher → Gattungsmischung im Partonopier (Folie)

Gattungsmischung des Partonopier

a) Minne- und Aventiureroman
- Struktur des hellenistischen Liebes- und Abenteuerromans: Paar – Verlust – Wiederfinden
- verborgene frühe Liebe des Paares: Opposition Heimlichkeit – Öffentlichkeit
- Integrationsweg des anfänglich isolierten Paares: Ziel: Herrschaftsehe und Herrschaftssicherung

b) Feenliebesgeschichte
- zentrale Motiv: Verbindung eines mythischen Wesens mit einem irdischen Mann
- volkstümliches Erzählgut, Sagen, Märchen, komplexe literarische Versionen
- Tabu: Tabubruch führt zum Scheitern der Verbindung
- Die schriftlichen Versionen problematisieren den Tabubruch:
  => Bewährungsweg des Helden, eventuell Wiedergewinn

c) arthurische Struktur
- Auszug + kämpferische Bewährung + Gewinn einer Frau
- Krise
- erneuter Auszug + kämpferische Bewährung + Wiedergewinn der Frau
- Happy End

d) Chancon de geste
- historisch-politische Anbindung
- große Heeresschlachten
- oft christl.-heidn. Auseinandersetzung

Handlung

1. Teil (Feenliebesgeschichte)

- Partonopier verirrt sich auf der Jagd
- (Irr)weg: Nacht; Wald, Schiff, Stadt, Palast; Schlafgemach
- Verbindung mit Meliur; Liebesglück; Tabu
- erster Besuch in der Heimat: kämpferische Bewährung
- zweiter Besuch in der Heimat: Misstrauen gegenüber Meliur
- Tabubruch mit Hilfe einer Zauberlampe - Meliur verstößt P.

2. Teil:

- Rückkehr nach Frankreich, in die Wildnis, Todeswunsch
- Irekel findet und pflegt P.– Vesuche der Versöhnung
- Meliur soll heiraten: Turnierpreis
- Irekel stattet Partonopier aus
- Partonopier siegt
- Hochzeit

3. Teil (Chanson de geste):

- Kampf mit dem Sultan von Persien
- Partonopier als verantwortungsbewusster Regent
- Sieg Partonopiers
- Partonopier und Meliur bleiben im Besitz des Kaisertums

Inhalt

Im Prolog erläutert der Dichter den Nutzen der Dichtkunst, um sich dann dem Lobpreis seines Auftraggebers Peter Schaler, der auch den Stoff aussuchte, zu widmen. Als Helfer werden die Bürger Heinrich Marschant, der die Vorlage ins Deutsche übersetzte, und Arnolt Fuchs als Kritiker erwähnt. Danach setzt die Handlung ohne genealogische Einleitung unmittelbar ein (V. 1-232).
Partonopier, Graf von Anjou und Blois, verirrt sich mit dreizehn Jahren während einer Eberjagd im Ardennenwald. Nachdem er voller Angst umhergeirrt ist, gerät er ans Meer, wo er ein gespenstisch-menschenleeres Schiff entdeckt, auf dem er erschöpft einschläft. Als er erwacht, findet er sich auf hoher See wieder, was ihn in neue Ängste versetzt. Danach gelangt er in eine ebenso menschenleere Stadt; in der Burg wird er von unsichtbarer Hand bewirtet und gepflegt (V. 233-1037).
In der nächtlichen Dunkelheit erscheint unvermutet ein Mensch an Partanopiers Bett und läßt ihn erneut tödlich erschrecken. Es handelt sich um Meliur, die Königin des Landes. In einem reizvollen Spiel zwischen knabenhafter Furcht und sinnlicher Neugier verbringt Partonopier die Nacht mit Meliur. Diese unterwirft sich seiner Minne und eröffnet ihm, daß sie selbst seine Irrfahrt bewirkte, da sie ihn zum ebenbürtigen Partner auserkoren habe. In drei und einem halben Jahr, wenn er zum Manne gereift sein wird, wolle sie ihn dem Hofe vorstellen. Bedingung sei es jedoch, daß er sie bis zum Hoftag nicht sehen dürfe, wenn sie nächtens zu ihm käme

(V. 1074-2176).

So verbringt Partonopier die Tage bei der Jagd oder bei ritterlichen Spielen, die Nächte bei Meliur. Da erfährt er, daß sein Vater und sein Oheim verstorben sind und seine Mutter von Feinden bedrängt wird. Meliur erlaubt seine zeitweilige Rückkehr, ermahnt ihn aber zur Treue.

Nachdem er ein großes Heer geworben hat, tritt der Jüngling gegen König Sornagiur und dessen Verbündete, die Könige von Norwegen, Dänemark und Grönland, an. Die Auseinandersetzung endet friedlich. Von Bedeutung ist dabei die Mareis-Episode: Mareis, der vom Bauern zum Grafen avanciert war, durchbricht aus ehrgeizigen Motiven das Waffenstillstandsangebot seines Königs und wird als treuloser 'sozialer Aufsteiger' deshalb noch stärker verurteilt, was wohl den Intentionen von Konrads Auftraggeber entsprach (V. 2177-6597).

Partonopiers Mutter hat inzwischen von der seltsamen Liebesbindung ihres Sohnes erfahren und versucht, ihn mit Hilfe eines Liebestranks an eine andere Frau zu ketten, doch die List mißlingt (V. 6598-7196). Partonopier kehrt zu Meliur zurück; nach einem halben Jahr bittet er erneut um die Erlaubnis, seine Mutter besuchen zu dürfen.

Diesmal gelingt es der Mutter, ihren Sohn von der angeblich sündhaften Beziehung abzubringen: Voll heilloser Furcht, Meliur könne der Teufel selbst sein, durchbricht Partonopier ihr Gebot und beleuchtet eines Nachts die Geliebte mit einer Lampe. Meliur berichtet daraufhin trauernd ihr Schicksal: Sie sei als Tochter des Kaisers von Konstantinopel schon früh in allen Wissenschaften unterwiesen worden, um ihr Reich einst würdig regieren zu können. Partonopier habe jedoch vor dem ganzen Hof ihre Ehre verletzt, da nunmehr ihre Beziehung offenbar sei. Deshalb wird er vom Hof verstoßen (V. 7197-8594).

Er kehrt reumütig nach Blois zurück und vergräbt sich ein Jahr lang in seinen Gemächern, dann flieht er mit seinem Freund Fursin (Taufname: Anshelm). Nach längerem Einsiedlerleben wird er von Irekel, Meliurs Schwester, gefunden und in deren Land gesundgepflegt (V. 8595-11214).

Unerkannt reist Partonopier zum Heiratsturnier Meliurs, muß sich zuvor jedoch noch aus der Gewalt des Raubritters Hermann von Thenadon befreien und gewinnt den spanischen Grafen Gaudin zum Freund. Auf dem Turnier, an dem neben Königen des Orients der gesamte europäische Hochadel teilnimmt, erweist sich Partonopier als überlegener Kämpfer, so daß Meliur ihm verzeiht und ihn zum Gatten erwählt (V. 11215-17428).

Nach einiger Zeit des gemeinsamen Lebens trifft Partonopier seinen Freund Anshelm wieder, der von der Schmach berichtet, die er wegen des Verrats eines intriganten Ratgebers (wieder eines 'sozialen Aufsteigers'!) ertragen mußte. Doch da rückt der heidnische Sultan mit seinem Heer an, der glaubt, nach dem Turnier Siegeransprüche erheben zu können. So muß Partonopier erneut zum Kampf gegen die Heiden antreten. Nach der breiten Schilderung von Einzelkämpfen und Massenschlachten bricht der Roman ab (V. 17429-21784).

in welcher Form taucht Thema Minne auf? Wie verbindet sich das mit der politischen Situation?

- bekanntes Denkmuster, Held hat keine Angst in Teil zwei und drei → in Teil Angst hat er aber Angst, fällt von einem Angstzustand in den nächsten → Angstszenen dominieren den ersten Teil der Handlung
- Partonopier zuerst erfolgreich als Jäger, verliert dann Anschluss, verirrt sich, es wird Nacht → er hat Angst vor wilden Tieren → rettet sich aus dem Wald, kommt zum einsamen Schiff, schläft dort ein → fährt aufs Meer → Partonopier hat wieder wahnsinnige Angst → kommt in die tolle Stadt, die aber menschenleer ist, wieder unheimlich
- Partonopier wird totenbleich, er schwitzt, es verschlägt ihm die Sprache, seine Körperteile gehorchen ihm nicht mehr, seine Haare stehen ihm zu Berge → narrativ inszenierter Angstweg → soll Partonopiers Übergang ins Feenreich markieren

- Partonopier wird eingeführt in die Handlung, vereint alle Eigenschaften eines Helden in sich usw. → Jagd als Bild des höfischen Lebens, Selbstrepräsentation → Art des Hornblasens ist irritierend (bläst fremd) → verliert Gruppe → bedroht durch wilde Tiere und ihnen ausgesetzt wird der Jäger zum gejagten → verliert höfische Qualitäten und sozialen Integrationsrahmen

- Rettung auf Schiff ist nur Zwischenhalt, danach noch schlimmer → Rückkehr scheint unmöglich, prächtige Stadt verstärkt Eindruck der Isolation
- der, der seinen sozialen Rahmen verlässt ist elender → fremd, in einem anderen Land, dem Unbestimmten ausgeliefert

Wohin führt Angstentwicklung?
1. fremde und elende == Synonyme, spricht für negative Auslegung, Weg aus vertrauter Umgebung ist Weg in die Arme des Teufels, Weg der Versuchung, Weg der Schuld → Angst als Wertindex des Bösen (wie bei König Rother)
2. nicht als Weg der Versuchung zu sehen, sondern neutraler, als Weg in unbekannten Erfahrungsraum, der weil er alles bekannte hinter sich lässt, sich einer religiös-moralischen Deutung entziehen soll → Weg in Freiraum neuer Erfahrungen: Angst als notwendiger Übergangsstadium mit positiver Besetzung, da nur die Angst weiter treibt in den neuen Raum

Meliur als Ziel dieses Weges, welche Art der Fremdheit verkörpert sie?

- Minneglück mit Meliur ist nur über Weg zu erreichen, der höfische Werte vorher ablegt und zurücklässt
- sonst keine Bindung ohne repräsentativen Auftritt → hier wird dies dekonstruiert
- anderweltliche Minnequalitäten im Partonopier ist das Fremde von Meliur (nicht weil sie provokative Fee ist)
- Meliur berät sich zwar mit ihrem Hof, wählt ihren Mann aber aus eigener Minnegirr → sucht nicht nach besonderem Stand, Reichtum und Schönheit → sind nicht keine Kriterien mehr, werden aber in den Hintergrund gerückt
- Herzenswahl Meliurs → personale Kriterien lenken das Geschehen, traditioneller Leistungstausch wird unterminiert (normalerweise hat Held alles verloren und gewinnt seinen Ruhm zurück, normalerweise hat Fee körperliche Deformation, die sie nur durch geliebten los werden kann → dies alles fehlt bei Partonopier)
- das einzige was Partonopier leisten muss, ist Meliur Vertrauen entgegen zu bringen
- bisher mussten beide visuell schön beschrieben werden, Meliur und Partonopier sind zwar auch schön, das kann aber im Dunkeln keiner sehen → Boykott des alten Systems
- es geht um Liebe, die für den Moment der ersten Begegnung, den anderen um seiner selbst willen nimmt → neues, fremde, befremdendes
- neue Bindung kann nur über Weg der Negation gegangen werden → Beziehung besteht *„nicht in dem und dem und dem"*
- *ungeheures irgendwie*

Partonopier Fazit

=> Neuformulierung der tradierten Minnekonstanten
=> Bedingung, Wert und Perspektive eines

Diskurses von Intimität
Mittel: thematisch:
- Differenzierung zwischen personaler und sozialer Identität

strukturell:
- Negation höfischer Denkmuster, Verhaltenskategorien und Bewertungsnormen
- Negation höfischer Repräsentationssemiotik

Funktion der Angst:

a) Einerseits wird Angst korreliert mit Unsicherheit, Versagen und Schuld. Für diese Perspektive wird das traditionelle Deutungsmuster der Versuchung durch den Teufel aktiviert.

b) Andererseits jedoch avanciert Angst zu einem ernst zu nehmenden psychischen Korrelat der Loslösung aus den tradierten höfischen Verhaltens- und Wertungsnormen, d.h. Angst wird thematisiert als psychischer Modus, der produktiv zur unvoreingenommenen Erfahrung des Neuen und Fremden dazugehört, auf diese unvoreingenommene Erfahrung hinführt.

In der Variante b): Das Motiv der Angst erhält positive Einschreibungen, es wird umcodiert zum **notwendigen Stimulans von Veränderung** überhaupt.

Angst Partonopier

Körper: ausführliche Symptomatik, „Lust" an der körperlichen Beschreibung = „Lust" an einer Metaphernsprache der Angst

Raum: Angst wird zur Ursache von Raumwechseln, d.h. Angst wird zum Movens des Aufbruchs in neue Erfahrungswelten; Angst und Neugier gehen eine Symbiose ein

Interaktion: statt der Interaktion mit einem personalen Gegenüber geht es vorrangig um Angst a) als psychischem Modus, b) als Antrieb der Interaktion in und mit ,neuen' Welten

Kognition: Über die Relation zur Neugier wird Angst zum Movens von kognitiven Möglichkeiten

Zusammenfassung

<u>Vergleich Eneasroman / König Rother:</u>

Angst: körperlich physisch:
Rother: Erstarren, Schweißausbrüche
Eneasroman: Ausdifferenzierung der Angstsymptom: sublimierter: nicht mehr nur Aussage, sondern narrative Mimesis (es wird nicht deutlich gesagt, dass jemand Angst hat)

Angst: räumlich:
Rother: Dramaturgie der Angsterzeugung im öffentl.-phys. Raum --> Kreislauf der Angsterzeugung
Eneasroman: Dramaturgie der Angstsymptome im personalen Reflexionsraum, nicht mehr physisch

Angst: Interaktion
Rother: Angsterzeugung dient der Interaktion der Machtentfaltung im Hinblick auf die politische Interaktion
Eneasroman: neu: innerseelische Interaktion, Angst erscheint als Movens der Reflexion (siehe Unterwelt Eneas), innerseelische Interaktion, Eneas setzt sich nicht durch Angst durch

Angst: kognitiver Aspekt:
Rother: Angst: kognitives Potential im Sinn des theolog.-philos. Diskurses, verweist auf richtiges o. falsches Verhalten gegenüber Gott, Erkenntniszugang zu Gott
Eneasroman: Angst: man darf Angst haben, damit man Situationen richtig einschätzt → Angst eher im Sinne von Vorsicht, Angst als Antriebskraft in der Liebe um Erkenntnisse zu gewinnen

Insgesamt:
Rother: Angst ist Index wertender Rezeption, wer Angst hat gehört auf positive Seite, wer keine Angst hat auf die negative
Eneasroman: Angst ist Medium um seelische Vorgänge zu reflektieren und Rezipienten den Nachvollzug zu erreichen